Sonja Probst, Ernst Probst

"Meine Worte sind wie die Sterne" - Die Entstehung der Rede des Häuptlings Seattle

Sonja Probst, Ernst Probst

"Meine Worte sind wie die Sterne" - Die Entstehung der Rede des Häuptlings Seattle

GRIN Verlag

Bibliografische Information der Deutschen Nationalbibliothek: Die Deutsche Bibliothek verzeichnet diese Publikation in der Deutschen Nationalbibliografie; detaillierte bibliografische Daten sind im Internet über http://dnb.d-nb.de/ abrufbar.

1. Auflage 2011
Copyright © 2011 GRIN Verlag GmbH
http://www.grin.com
Druck und Bindung: Books on Demand GmbH, Norderstedt Germany
ISBN 978-3-640-89208-2

Häuptling Seattle (1786–1866):
eines der großen Idole
der Ökologie-Bewegung

Sonja Probst / Ernst Probst

Meine Worte
sind wie die Sterne

Die Entstehung der Rede
des Häuptlings Seattle

Allen Naturfreunden
gewidmet

Inhalt

Vorwort
Seite 9

Vorgeschichte
Seite 11

Wer war Häuptling Seattle?
Seite 17

6

Die Versionen
der Rede von Seattle
Seite 41

Weisheiten der Indianer
Seite 49

Die Autoren
Seite 88

Literatur Seite 90

Bildquellen Seite 91

Namensregister Seite 93

Meine Worte
sind wie die Sterne

„Erst wenn der letzte Baum gerodet, der letzte Fluss vergiftet, der letzte Fisch gefangen ist, werden die Menschen feststellen, dass man Geld nicht essen kann." Diese Worte werden dem weisen Indianerhäuptling Seattle (1786–1866) zugeschrieben, der um 1855 eine engagierte Rede gehalten haben soll, welche die Weißen zur Achtung der Natur ermahnte. In Wirklichkeit stammt der eingangs erwähnte Satz aus einer Prophezeiung des kanadischen Stammes der Cree. Seattle wurde zu einem der großen Idole der Ökologie-Bewegung des 20. und 21. Jahrhunderts, obwohl heute unklar ist, ob der Häuptling die berühmte Rede überhaupt und – wenn ja – so gehalten hat. Das kleine Taschenbuch „Meine Worte sind wie die Sterne" von Sonja Probst und Ernst Probst schildert das Leben von Seattle und die Entstehungsgeschichte seiner legendären Rede.

Franklin Pierce (1804–1869),
der 14. Präsident der USA,
forderte 1854 die Duwamish-Indianer
zum Verkauf
ihres Landes auf.

Vorgeschichte

Der etwa 150 Kilometer lange, stark verzweigte und inselreiche Puget Sound (auch Pugetsund genannt) im heutigen amerikanischen Bundesstaat Washington war einst das Stammesgebiet der Duwamish-Indianer. Ihre Heimat bestand aus hügeligem und fruchtbarem Land rund um eine Bucht am Pazifik, etwa 200 Kilometer südlich der kanadischen Grenze. Wie alle Ureinwohner Nordamerikas betrachteten die Duwamish sich als einen Teil der Natur, der sie ihren Respekt und ihre Ehrerbietung zollten.

1851 zogen 21 weiße Siedler aus dem Mittelwesten an den Puget Sound, der nach dem hohen englischen Schiffsoffizier Peter Puget (1765–1822) benannt ist. Die Neuankömmlinge baten Seattle (1786–1866), den Häuptling der Duwamish-Indianer, um seine Erlaubnis, sich in seinem Land niederlassen zu dürfen. Seattle stimmte zu, und aus Dank dafür wurde später die Siedlung nach ihm bezeichnet.

Drei Jahre lang lebten Indianer und Weiße friedlich zusammen. Dann forderte Franklin Pierce (1804–1869), der 14. Präsident der USA, 1854 die Duwamish auf, sie sollten ihr Land weißen Siedlern verkaufen und in ein Reservat auf einer Insel im Puget Sound ziehen. Dieses Ansinnen stieß bei den

11

Isaac Ingalls Stevens (1818–1862),
der Gouverneur
des Territoriums Washington,
schloss 1855 mit den Duwamish-Indianern
einen Vertrag
über den Verkauf ihres Landes.

Indianern auf Unverständnis, denn die Duwamish hatten keine Vorstellung davon, was es bedeutete, Land zu „besitzen".

Im Januar 1855 schloss Isaac Ingalls Stevens (1818–1862), der Gouverneur des Territoriums Washington, mit den Indianern vom Puget Sound den so genannten „Vertrag von Point Elliot" über den Verkauf ihres Landes. Das offizielle Protokoll dieser Verhandlungen enthält den Text der Rede des Gouverneurs, eine kurze Antwort von Häuptling Seattle und die einzelnen Punkte des Vertrages.

Im Nationalarchiv in Washington gibt es keinen Hinweis auf die berühmte Rede von Häuptling Seattle. Deshalb kamen bald Zweifel an ihrer Authentizität auf.

Häuptling Seattle zog mit seinen rund 1.200 Stammesgenossen in das Reservat auf einer Insel im Puget Sound. Er starb 1866. Das Volk der Duwamish existiert seit 1910 nicht mehr.

Wo ehedem die Fisch- und Jagdgründe der Duwamish-Indianer lagen, wuchs die amerikanische Großstadt Seattle mit heute etwa 550.000 Einwohnern empor. In Seattle befinden sich die Boeing-Werke, die 186 Meter hohe „First National Bank", achtspurige Highways und das 184 Meter hohe Raumfahrt-Denkmal „Space Needle", das Wahrzeichen der Weltausstellung von 1962.

Bronzestatue des Häuptlings Seattle
auf dem Tilikum Place in Seattle.
Sie wurde
von dem amerikanischen Künstler
James Wehn (1882–1973)
geschaffen und 1912 aufgestellt.

An den weisen Häuptling erinnern heute in Seattle eine Statue in der Fifth Avenue und in der Cedar Street, eine Bronzebüste mit Blick über einen Teich in der Seattle University und der Name der „Sealth High School". Alljährlich im August werden in Suquamish, wo der Häuptling seine letzte Ruhe fand, die „Chief Seattle Days" mit traditionellen Tänzen, Lachsessen und Kanurennen gefeiert.

Statue des Häuptlings Seattle
vor dem Raumfahrt-Denkmal
„Space Needle" in Seattle

Wer war Häuptling Seattle?

Seattle wurde an einem heute nicht mehr bekannten Tag um 1786 geboren. Gegenüber weißen Siedlern erwähnte er später, er sei auf der Insel Blake Island im zentralen Puget Sound zur Welt gekommen. Der Puget Sound ist eine Bucht an der Pazifikküste des Bundesstaates Washington.

Die Geburt von Seattle fiel in eine für die Geschichte seines Volkes apokalyptische Zeit. Damals dezimierten verheerende Seuchen, die von den Weißen eingeschleppt worden waren, die indianische Bevölkerung. Außerdem trugen neuartige Waren und Schusswaffen zur Unruhe bei.

Der Vater von Seattle namens Schweabe fungierte als Häuptling der Suquamish-Indianer, die auf der Insel Bainbridge Island lebten. Seine Mutter Woodsho-lit-sa war die Tochter eines Häuptlings der Duwamish-Indianer, die im Puget Sound an einem Fluss lagerten. Seattle galt als Angehöriger der Duwamish, weil die Abstammung bei diesen Indianern immer der weiblichen Linie folgte.

Der Name von Seattle wurde von den damaligen Indianern auf verschiedene Weise ausgesprochen. In

Kapitän George Vancouver
(1758–1798)
landete 1792 mit seinem Schiff
„H. M. S. Discovery"
im Puget Sound.

der Literatur werden die Varianten „Si'ahl", „Sealth", „Seathl" oder „See-ahth" erwähnt.

Im Alter von etwa sechs Jahren sah Seattle die ersten im Puget Sound ankommenden Engländer: Am 20. Mai 1792 landete dort Kapitän George Vancouver (1758–1798) mit seinem Segelschiff „H. M. S. Discovery". Er ging auf Bainbridge Island vor Anker und schrieb in sein Logbuch, das dortige Dorf sei das „schäbigste seiner Art". Sogar die besten Hütten seien „arm und erbärmlich". Seattle zeigte sich von dem Schiff und von den Kanonen der Engländer sehr beeindruckt.

Bereits in jungen Jahren genoss Seattle unter den Indianern ein hohes Ansehen. Während einer Fragestunde über seine Zukunft wurde dem Jugendlichen ein großer Wohlstand prophezeit. Tatsächlich schätzte man ihn später als Stammesführer. Er brachte insgesamt sechs lokale Stämme unter seine Kontrolle.

Die erste Ehefrau von Seattle hieß La-Dalia. Sie starb gleich nach der Geburt der Tochter Kikisoblu (um 1820–1896), die später Angeline hieß. Seine zweite Gattin Olahl schenkte ihm drei Söhne und vier Töchter. Beide Ehefrauen stammten aus Tola'ltu am Westufer von Elliott Bay. Seattle hielt zeitweise acht bei Kriegszügen gegen andere Indianer gefangen genommene Feinde als Sklaven, was damals als Zeichen für Reichtum und Status galt.

*Kikisoblu bzw. Angeline
(um 1820–1896),
die älteste Tochter
von Häuptling Seattle*

Bei einem Angriff der mächtigen Cowichans von der Insel Vancouver Island an der Westküste von Kanada tat sich Seattle als tapferer Krieger hervor. Vancouver Island, früher auch Quadra genannt, ist nach dem erwähnten Kapitän George Vancouver bezeichnet. Während der Phase, in der sein berühmter Onkel Kitsap (1770/1780–1860) ein Bündnis von Kriegern gegen die Cowichans anführte, stellte Seattle einer Gruppe der Angreifer, die mit Kanus den Green River herunterfuhren, erfolgreich einen Hinterhalt.

Außerdem griff Seattle die S'Klallam, ein einflussreiches indianisches Volk an der Nordküste der Halbinsel Olympic Peninsula, an. Zudem soll er an Angriffen am oberen Snoqualmie River teilgenommen haben.

1833 gründete die „Hudson's Bay Company" am Puget Sound das „Fort Nisqually", das dem Pelzhandel diente. Der Chefhändler der Company namens Francis Herron (1794–1840) betrachtete Seattle als bedeutenden und gefährlichen Indianer. Deswegen bat er ihn um Unterzeichnung eines Vertrages, der Mord unter Eid verneinte. Das Personal der Company verlieh dem mehr als 1,85 Meter großen Seattle den Spitznamen „Le Gros" („der Große").

Wegen der Ermordung eines Medizinmannes der Suquamish verursachte Seattle 1837 so viel Ärger, dass William Kittson (1795–1841) von der „Hudson's Bay Company" hoffte, die Suquamish würden diesen töten. Doch jene wussten seine Führung zu schätzen.

Aus Rache für den Mord an dem Medizinmann der Suquamish überfiel Seattle 1841 das Dorf Yila'lgos am Zusammenfluss von Green River und White River. 1847 unterstützte er die Suquamish bei einem Überfall auf den Hauptsitz der Chemakum, wobei diese rivalisierende Gruppe ausgelöscht wurde.

Der Tod eines seiner drei Söhne erschütterte Seattle so sehr, dass er den katholischen Glauben annahm und sich auf den Namen „Noah" taufen ließ. Die Taufe erfolgte vermutlich um 1848 in der „St. Joseph of Newmarket Mission" nahe der Siedlung Olympia. Auch Seattles Kinder wurden getauft und christlich erzogen.

Der Übertritt zum katholischen Glauben markierte das Ende der kämpferischen Zeit von Häuptling Seattle. Nun entwickelte er sich zum friedlichen Anführer, der nach Zusammenarbeit mit den ankommenden weißen Siedlern strebte. Mit den Weißen führte er nie Krieg.

Die Stimme von Seattle war angeblich so gewaltig, dass man ihn noch in einer Entfernung von einer halben Meile (rund 800 Meter) hörte. Es hieß, von seinen Lippen seien gewichtige Sätze gekommen wie der unaufhörliche Donner von Wasserfällen, die von unerschöpflichen Quellen gespeist würden.

1846 erreichten weiße Siedler den Puget Sound. Die herzliche Begrüßung und die Hilfe, die Seattle ihnen zuteil werden ließ, brachten ihm den Ruf eines Freundes der Weißen ein. In einer Rede, mit der er er Isaac Neff Ebey (1818–1857) und Benjamin F. Shaw (1829–1908) im Sommer 1850 begrüßte, bat er sie, sich unter seinem Volk anzusiedeln. Diese Rede wurde von Shaw aufgezeichnet, bald danach im „Oregon Spectator" veröffentlicht und ermutigte zur Besiedlung im Tal des Duwamish-Flusses.

Seattle suchte gezielt Siedler aus, mit denen er Geschäfte machen konnte. Um solche Kontakte zu pflegen, wählte er einen Wohnsitz bei Olympia. Im Sommer 1851 organisierte er zusammen mit dem Kaufmann Charles Fay aus San Francisco einen erfolgreichen Fischfang in der Bucht Elliott Bay.

Als Charles Fay im Herbst 1851 abreiste, konnte Seattle Dr. David Swinson („Doc") Maynard (1808–1873) dafür gewinnen, den Platz von Fay einzunehmen. Im Frühling 1852 organisierten Maynard und Seattle einen weiteren gelungenen Fischfang bei Dzid-zula'lich, einem Indianerdorf am Ostufer der Bucht Elliott Bay.

Im Sommer 1852 gründete Dr. David Swinson („Doc") Maynard einen Handelsposten am Ufer des Duwamish-Flusses. Seattle und Maynard wurden so gute Freunde, dass der Doktor die neue Siedlung nach dem Häuptling benannte.

*Dr. David („Doc") Maynard (1808–1873)
wurde einer
der besten Freunde von Seattle.*

Da die Weißen die indianischen Namen „Si'ahl“, „Sealth“, „Seathl“ oder „See-ahth“ nicht so gut wie die Indianer aussprechen konnten, sagten sie „Seattle“. Darüber war der Häuptling aber nicht sehr erfreut. Er meinte, er werde sich nach seinem Tod jedes Mal, wenn Seattle gesagt würde, im Grab umdrehen.

Seattles Bemühungen, an der Entwicklung der nach ihm benannten Siedlung nachhaltig teilzunehmen und die Zukunft seines Volkes mit dem der Siedler zu vermischen, scheiterten aus zwei Gründen: wegen des Hungers nach Land und dem Wunsch vieler einflussreicher Weißen, ihre Leute getrennt von den Indianern zu halten. Dies minderte jedoch Seattles Freundschaft und Loyalität nicht.

Ab 1854 kaufte Isaac Ingalls Stevens (1818–1862), der Gouverneur des Territoriums Washington, das Land der Indianer auf oder beschlagnahmte es. Im Januar 1854 besuchte der Gouverneur die Bucht Elliott Bay und kündigte Vertragsverhandlungen an, was Seattle begrüßte.

Während der Vertragsverhandlungen vom 27. Dezember 1854 bis zum 9. Januar 1855 am Point Elliott (Muckilteo) diente Seattle als Sprecher der Indianer. Der alte Häuptling beklagte, die Tage der Indianer gingen vorüber und die Zukunft gehöre dem weißen Mann. Von Seattles Rede machte sich Dr. Henry Smith (1830–1915), ein Chirurg und Schriftsteller mit dem Pseudonym „Paul Garland" und einem Hang für blumige viktorianische Dichtung, angeblich Notizen. Obwohl Seattle bezweifelte, dass sein Volk Geld für sein Land erhalten werde, setzte er als Erster am 22. Januar 1855 sein Zeichen unter das mit Gouverneur Stevens vereinbarte Vertragsdokument.

Der Vertrag von Point Elliott wurde zwischen der Regierung der USA und 22 Indianerstämmen im Umkreis des Puget Sound im damaligen Washington-Territorium (heute US-Bundesstaat Washington) geschlossen. Das Vertragsdokument enthält Siegel bzw. Zeichen von 83 Indianern sowie von Gouverneur Stevens und anderen 16 Weißen. Damit wurde der juristische Anspruch auf etwa 2,5 Millionen Acres Land (ein Acre = 4.047 Quadratmeter) abgetreten. Der Vertrag sah Reservate für die Suquamish, Tulalip, Swinomish und Lummi vor, eigenartigerweise aber nicht für die Duwamish, Skagit, Snohomnish und Snoqualmie. Neben den Reservaten wurden uneingeschränkte Sammel-, Jagd- und Fischrechte garantiert.

1855 und 1856 gab es bewaffnete Auseinandersetzungen zwischen der Armee der Vereinigten Staaten und mehreren Indianergruppen (Nisqually, Muckleshoot, Puyallup, Klickitat, Yakama) am Puget Sound. Dieser Puget-Sound-Krieg war Teil einer größeren Auseinandersetzung, die mit dem Yakima-Krieg (1866 bis 1857) und der Schlacht um Seattle vom 26. Januar 1856 im Zusammenhang stand.

Spätere Vorwürfe von Seiten der Indianer bezüglich Seattles Doppelzüngigkeit während dieses Konflikts deuteten an, dass der Häuptling einerseits versuchte, mit allen indianischen Gruppen östlich und westlich der Berge Kontakt zu halten, andererseits aber ein treuer Verbündeter der Weißen blieb, die durch seine Kontakte geheime Informationen erhielten.

Nach der Niederlage der Indianer in diesem Konflikt bemühte sich Seattle, seinem Volk zu helfen. Er bat – allerdings erfolglos – um Nachsicht für den indianischen Anführer Leschi (1808–1858), den Häuptling der Nisqually. Außerdem ersuchte Seattle den Gouverneur um die baldige Ratifizierung eines Vertrages.

Häuptling Leschi war ein erbitterter Gegner des zwischen den Vereinigten Staaten und den Indianerstämmen der Nisqually, Puyallup, Squaxin und sechs kleineren Indianerstämmen ausgehandelten Vertrages von Medicine Creek, der am 26. Dezember 1854 unterzeichnet und am 3. Mai 1855 ratifiziert wurde. Dieser Vertrag sah die Abtrennung von angestammten Landgebieten der indianischen Urbevölkerung am Puget Sound an die amerikanische Regierung gegen Zahlung von 32.500 US-Dollar, Umzug der Ureinwohner in bereitgestellte Indianerreservate sowie Zugangsberechtigung der weißen Siedler zu den traditionellen Fisch- und Jagdgründen vor. Wegen der von den Indianerstämmen ungerecht

Leschi (1808–1858),
der Häuptling der Nisqually

empfundenen Vertragsbestimmungen brachen immer wieder blutige Unruhen aus, die im Puget-Sound-Krieg gipfelten. Leschi behauptete später, er habe den Vertrag nicht unterschrieben und wehrte sich gegen die Zwangsumsiedlung in die Gefangenschaft eines Indianerreservates. Man warf ihm die Leitung eines Überfalls auf die Stadt Seattle, die so genannte Schlacht um Seattle, vor. Am 19. Februar 1858 hat man Leschi wegen des umstrittenen Vorwurfes des Mordes und der Rebellion hingerichtet. Erst 2004 wurde der Häuptling der Nisqually von beiden Häusern des amerikanischen Kongresses rehabilitiert.

Im „Fort Kitsap Reservat" wollte Seattle den schädlichen Einfluss von weißen Whisky-Verkäufern einschränken und die Ritualmorde von Indianern an ihren Sklaven verhindern. Wie im Vertrag von Point Elliot gefordert, gab Seattle seine eigenen Sklaven frei. Außerhalb des Reservats beteiligte er sich an Treffen, um Zwistigkeiten der Indianer friedlich zu lösen.

1858 fragte der mittlerweile 72 Jahre alte und verarmte Seattle in einer Rede, warum der Vertrag von Point Elliott von 1855 noch nicht vom Kongress der Vereinigten Staaten unterzeichnet worden sei. Er beklagte: „Ich war den ganzen Winter sehr arm und hungrig und bin nun sehr krank. Bald werde ich sterben. Wenn dies geschieht, wird mein Volk sehr arm sein. Sie werden nichts besitzen, keinen Häuptling haben und niemanden, der für sie sprechen wird."

Seattle unterhielt gute Beziehungen zu William De Shaw (geb. 1834), dem Eigentümer eines Handelspostens in Agate Point auf Bainbridge Island und zeitweiligem Indianer-Vertreter sowie zu George Meigs (1816–1897), in dessen alkoholfreier Firmenstadt indianische Arbeiter einen Ort fanden, wo sie vor räuberischen Whisky-Verkäufern sicher waren. De Shaw hatte 1861 den Handelsposten in Agate Point auf Bainbridge Island gegründet und Mary Seattle Telase (Tso-tsah), eine Enkelin von Seattle, geheiratet.

Dank der Fürsprache seines weißen Freundes David Swinson („Doc") Maynard bei der Regierung durfte der alte Indianerhäuptling Seattle im Langhaus seines Vaters Schweabe in Agate Point wohnen. Dieses Langhaus wurde als „Tus-suc-cub" oder „Old Man House" bezeichnet.

Bei einem Besuch in der nach ihm benannten Stadt ließ sich Seattle 1864 im Alter von 78 Jahren von Edward M. Sammis (geboren 1838) fotografieren. Dieses historische Foto befindet sich in der „University of Washington Libraries. Special Collections Division".

1864 erhielt Seattle das heilige Sakrament der Firmung, womit er seinen christlichen Glauben bestätigte. Führer der indianisch-katholischen Gemeinde war damals nicht Seattle, sondern ein Suquamish-Anführer namens Jacob. Eine Verordnung der Stadt Seattle von 1865 untersagte Indianern, einen ständigen Wohnsitz innerhalb der Stadtgrenzen zu haben. Dies zwang Häuptling Seattle, jenen Ort zu räumen, an dem er – wie erwähnt – die weißen Siedler Benjamin F. Shaw und Isac Neff Ebey im Sommer 1850 begrüßt und zur Ansiedlung eingeladen hatte.

In der Folgezeit lebte Seattle im „Port Madison Reservat" und vermutlich nördlich der Stadtgrenzen, wo Kikisoblu (Angeline), die Tochter seiner ersten Frau, wohnte. Oft kam er in die Stadt, besuchte Freunde, kümmerte sich um Leute, die in Seattle arbeiteten, und hielt sich in zeitweiligen Zeltplätzen im Hafenviertel auf.

Am 7. Juni 1866 gegen 13 Uhr starb Seattle im Alter von ungefähr 80 Jahren im „Port Madison Reservat". Er wurde in Suquamish im US-Bundesstaat Washington begraben. Von seinem Grab aus bietet sich ein herrlicher Blick auf den Puget Sound, und in der Ferne kann man gerade noch die Stadt Seattle erkennen.

Nach Ansicht von Historikern überstanden die rund 14.000 Indianer des Territoriums Washington – die Suquamish, Duwamish, Nisqually, Puyallup, Makahs, S'Klallams, Quinaielts, Quilehutes, Yakamas,

Isaac Ebey (1818–1857),
der erste weiße Ansiedler
auf Whidbey Island,
wurde bei einem Rachefeldzug
von Indianern ermordet

Chehalis, Colville, Spokanes, Couer d'Alène, Hohs und Quits – dank des Einflusses von Häuptling Seattle die Reservationspolitik der USA verhältnismäßig ungeschoren.

Bis zu den 1970-er Jahren war die Geschichte von Häuptling Seattle nur mit dem Namen der Stadt, die seinen Namen trägt, eng verbunden. Doch mit der Umweltbewegung rückte die Rede von Seattle vor Gouverneur Isaac Ingalls Stevens wieder ins Bewusstsein vieler Amerikaner.

Die Redegewalt und philosophische Aussagekraft von Seattle erinnerte einige Amerikaner an große Griechen des Altertums. Bereits zu Lebzeiten bezeichnete man ihn als „Sokrates des Nordwestens". Mit der Rede von Seattle befassen sich unzählige Artikel in Zeitungen und Zeitschriften, Beiträge im Rundfunk und Internet sowie Bücher und Filme.

Moderne Versionen der Rede von Seattle beziehen sich auf Dinge, die der Häuptling nie gesehen und von denen er auch nichts gewusst haben kann. Zum Beispiel auf den Ziegenmelkervogel oder auf den Bison, die es in der Heimat von Seattle nicht gab oder auf die Eisenbahn, die erst später gebaut wurde. Teilweise widersprechen sich Passagen der verschiedenen Redeversionen sogar.

Zu Lebzeiten von Häuptling Seattle sind offenbar keine Porträts von ihm gemalt oder gezeichnet worden. Ein Vierteljahrhundert nach seinem Tod schuf 1891 der amerikanische Maler Ray Coombs nach dem erwähnten Foto von Edward M. Sammis von 1864 ein Porträt des Häuptlings.

Seattles älteste Tochter findet man im Online-Lexikon „Wikipedia" unter ihrem ursprünglichen Namen Kikisoblu. Laut Küsten-Salish-Dialekt des Lushootseed hieß sie auch Kick-is-om-lo oder Wewick. Ihren späteren Namen Angeline verdankte sie Catherine Broshears Maynard (1816–1906), der Ehefrau von Dr. David („Doc") Maynard), die den indianischen Namen Kikisoblu zu scheußlich für die junge, schöne Frau fand. Von den Weißen wurde Kikisoblu oft als „Prinzessin Angeline" bezeichnet.

Kikisoblu hatte bereits vor der Ankunft der ersten weißen Siedler im Puget Sound von 1846 einen Mann namens Dokub Cud geheiratet. Die Ehe mit ihm dauerte aber nicht lange, weil der Gatte bald starb.

Obwohl die Indianer 1855 gemäß des Vertrages von Point Elliott in die für sie vorgesehenen Reservate umziehen sollten, blieb Kikisoblu in der nach ihrem Vater benannten Siedlung Seattle. Dort wohnte sie in einer Hütte an der Western Avenue zwischen Pike Streets und Pine Street an der Stelle, wo sich heute der Pike Place Market befindet. Ihren Lebensunterhalt bestritt Kikisoblu mit dem Verkauf handgearbeiteter Decken und einer Wäscherei. Später

34

wechselte sie in den „Ye Olde Curiosity Shop".
Kikisobu hatte außer dem Ehepaar Catherine Broshears Maynard und Dr. David („Doc") Maynard)
auch andere weiße Freunde wie Henry L. Yesler
(1810–1892), den Besitzer der ersten Sägemühle in
Seattle. Ein kunstvoll verzierter indianischer Korb,
den Kikisoblu der Familie Yesler geschenkt hat, wird
im „Duwamish Longhouse and Cultgural Center"
in Seattle aufbewahrt.

Oft litt Kikisoblu unter dem offenen oder verdeckten
Rassismus von Weißen gegenüber Indianern. Weiße
Kinder, die ihr auf der Straße in Scharen folgten und
sie ärgerten, weswegen sie gelegentlich mit Steinen
auf sie warf, sollen noch das geringste Übel gewesen sein.

Mit Hilfe ihrer Freunde konnte Kikisoblu nach 1890
ein neues Haus am Rand von Seattle errichten. Ein
junger Fotograf namens Edward S. Curtis (1868–
1952) machte von der alten Indianerin oft Auf-
nahmen und zahlte ihr für jedes Foto einen US-Dollar. Er entwickelte sich zu einem der berühmtesten
Fotografen amerikanischer Indianer. Auch andere
Fotografen lichteten Angeline gerne ab.

Kikisoblu starb am 31. Mai 1896 in Seattle. Weil sie
Katholikin war, hat man sie in der katholischen
Kirche aufgebahrt. Der letzte Gottesdienst für sie
erfolgte in der „Church of Our Lady of Good Help".
Sie ruhte in einem Katafalk in der Form eines

Henry L. Yesler (1810–1892),
früher Pionier, Sägemühlenbesitzer
und zeitweise Bürgermeister
in Seattle

Korb, den Kikisoblu
der Familie des Sägemühlenbesitzers
Henry L. Yesler
in Seattle schenkte

Der Grabstein von
Häuptling Seattle
in Suquamish
wurde 1938 aufgestellt.

indianischen Kanus. Nach einer großen Prozession wurde sie auf dem Friedhof „Lake View Cemetery" auf dem Capitol Hill von Seattle beerdigt. Ihr Grab liegt nahe demjenigen ihres alten Freundes, des weißen Pioniers Henry L. Yesler. Auf ihrem Grabstein steht das Geburtsjahr 1811. In der Literatur wird „um 1820" als Geburtsdatum von Kikisoblu angegeben.

Dr. Henry Smith (1830-1915)
veröffentlichte 1887 als Erster
die Rede von Häuptling Seattle.

Die Versionen der Rede von Seattle

Mehr als drei Jahrzehnte nach dem Abschluss des Vertrages von 1855 zwischen Gouverneur Isaac Ingalls Stevens (1818–1862) und den Duwamish-Indianern veröffentlichte Dr. Henry Smith (1830–1915), einer der ersten Siedler, in der Zeitung „Seattle Sunday Star" vom 29. Oktober 1887 seine Version der Rede von Häuptling Seattle. Sein Artikel hieß „Early Reminiscences – Scraps from a Diary" („Frühe Erinnerungen – Tagebuchaufzeichnungen").

Geradezu enthusiastisch beschrieb Smith die Persönlichkeit von Seattle. Der alte Häuptling erschien ihm als der stattlichste Indianer, den er jemals gesehen hatte und bei weitestem als der mit dem edelsten Gesichtsausdruck. Seattle maß beinahe sechs Fuß, hatte breite Schultern, eine mächtige Brust und war wohlproportioniert. Seine Augen waren – laut Smith – groß, klug, ausdrucksvoll und freundlich, wenn sie in Ruhe waren und spiegelten getreu die unterschiedlichen Stimmungen der erhabenen Seele, die durch sie hindurchschien. Meistens war Seattle von feierlicher Ernsthaftigkeit, still und würdevoll. Doch bei wichtigen Anlässen bewegte er sich durch die versammelte Menge „wie ein Titan unter Liliputanern", und sein einfaches Wort war Gesetz. Wenn sich Häuptling Seattle im Rat oder bei freund-

41

Porträt von Häuptling Seattle.
Dieses Bild wurde 1891
von dem Künstler Ray Coombs
nach dem Foto
von Edward M. Sammis
von 1864 geschaffen.

schaftlicher Beratung erhob, um zu sprechen, richteten sich alle Augen auf ihn. Von seinen Lippen seien kräftige, wohltönende und beredte Sätze geflossen, so wie die endlosen Donner der Katarakte aus unerschöpflichen Quellen fließen. Die gesamte großartige Haltung von Seattle erschien Smith so edel wie die des zivilisiertesten militärischen Führes, der die Befehlsgewalt über die Streitkräfte eines Kontinents innehat. Er hätte auch ein Kaiser sein können, aber alle seine Instinkte seien demokratisch gewesen. Seattle habe über seine loyalen Untergebenen mit Freundlichkeit und väterlichem Wohlwollen geherrscht. Die Weißen hätten ihm immer durch besondere Aufmerksamkeit geschmeichelt.

Henry Smith hatte zwei Jahre in der Gegend von Seattle gelebt und angeblich die Muttersprache (Lushotseed) des Häuptlings gelernt. Die Rede von Seattle, der nur ein wenig Englisch sprach, wurde vermutlich in Lushotseed gehalten und dann in eine Mischsprache (Chinook) von etwa 300 Wörtern, die man für Geschäfte benutzte, übersetzt.

Laut mündlicher Überlieferung der Suquamish besuchte Henry Smith mehrfach Häuptling Seattle und besprach mit ihm den Inhalt seiner Rede. Smiths Version der Rede des Häuptlings ist im hohen, gestelzten Ton der so genannten „Viktorianischen Epoche" abgefasst, die der britischen Königin Viktoria (1819–1901) ihren Namen verdankt. Manchen Experten erscheint es unvorstellbar, dass ein

Indianerhäuptling jener Zeit eine Rhetorik dieser Art beherrscht haben könnte.

Die geradezu „schwindelnde Höhe" des Stils der Rede wird von Zweiflern als ein weiterer Grund dafür betrachtet, deren Echtheit zu bezweifeln. Laut Online-Lexikon „Wikipedia" gelten die blumigen und heroischen Formulierungen als das Werk von Henry Smith. Hinweise auf Ökologie und Naturzerstörung fehlen in dieser Version noch völlig. Andererseits heißt es aber, selbst durch Smiths schwülstige Version klinge eine faszinierende Kraft und Schönheit. Unter der Patina literarischer Rhetorik verberge sich ein Text, den wahrscheinlich kein Weißer jener Epoche verfasst haben könne.

Smith versicherte, Seattle habe sich geweigert, seine Rede in Pidgin-Englisch oder Chinook zu halten, also jenen Sprachen, die Gouverneur Stevens bei seinen Treffen mit Indianern bevorzugte. Statt dessen benutzte der Häuptling die Sprache seines Stammes.

Bei Verhandlungen in weniger verbreiteten Indianersprachen verzichtete Stevens oft auf Übersetzer. Aus diesem Grund waren kleinere Stämme gezwungen, in Pidgin-Englisch oder in Chinook zu verhandeln. Vielleicht wurde deshalb im erwähnten offiziellen Protokoll die Rede von Seattle weggelassen.

Im Oktober 1931 veröffentlichte der Drucker, Verleger und Autor Clarence B. Bagley (1843–1932), der seit 1860 in Seattle lebte, in der Zeitschrift „Washington Historical Quarterly" den Artikel „Chief Seattle and Angeline". Er publizierte auch die Rede Seattles in einer neuen Version. Bagley war der einzige Sohn eines Methodistenpredigers. Er gründete die „Washington State Historical Society" und galt als der erste prominente Historiker seiner Region.

Henry Smiths verschnörkelte Version der Rede des Häuptlings Seattle wurde 1932 in einer noch mehr aufgedonnerten „Übersetzung" von einem Mann namens John M. Rich herausgebracht („Chief Seattle's Unanswered Challenge", Seattle). Diese Variante stützt sich auf Smiths Version als einzige Quelle und sie enthält – nach Auffassung von Kritikern – billige Stereotypen und sentimentale christliche Frömmelei. Deshalb gilt der Text von Rich als Fälschung. Seine Fassung hat weitere Zweifel an der Authentizität der Rede von Häuptling Seattle genährt.

1969 überarbeitete William Ayres Arrowsmith (1924–1992), Professor für klassische Literatur an der Universität von Texas, die Fassung der Rede von Häuptling Seattle nach der Version von Dr. Henry Smith. Er versuchte, sie mit der Ausdrucksweise zu verstehen, die zu Seattles Zeiten bei den Indianerstämmen üblich war. Doch auch diese Fassung gibt wahrscheinlich den genauen Wortlaut nicht wieder.

Im Jahre 1970 hörte der amerikanische Drehbuch-
autor und Theaterwissenschaftler an der Universität
von Texas, Ted Perry, bei einer Versammlung von
Umweltschützern die von William Ayres Arrowsmith vorgetragene Fassung der Rede von Häuptling Seattle. Arrowsmith erlaubte Perry, diesen
Text als Grundlage für eine neue, fiktive Rede als
Kommentar für den Film „Home" (1972) über Um-
weltverschmutzung und Ökologie zu verwen-
den.

Ohne Wissen von Ted Perry veränderten die Film-
produzenten den Text und wurde im Nachspann des
Films behauptet, das Manuskript gebe eine von
Häuptling Seattle gehaltene Rede wieder. Zudem
verschickte die „Southern Baptist Radio and Television Commission", für die Perry einige Drehbücher
für Filme verfasst hatte, 18.000 Plakate mit ihrer Version von Perrys Text, auf denen ebenfalls behauptet
wurde, es handle sich um eine Rede von Häuptling
Seattle.

Außerdem veröffentlichte das Magazin „Environ-
mental Action" diese Fassung und behauptete, sie
sei der Text eines Briefes, den Seattle an den amerikanischen Präsidenten Franklin Pierce (1804–1869)
gerichtet habe. Weltweit bekannt wurde dieser Text
durch einen Artikel mit der Überschrift „Die eindeu-
tig unzweideutige Botschaft von Häuptling Seattle"
im Magazin „Passenger" der Fluggesellschaft
„Northwest Airlines".

46

Eine weitere Version der Rede von Seattle machte auf der Weltausstellung „Expo 1974" in Spokane im US-Bundesstaat Washington die Runde. In ihr tauchten wieder neue Passagen auf.

Die Versionen aus den 1970-er Jahren präsentieren Häuptling Seattle phantasievoll als einen frühen ökologischen Visionär, der über die Einsichten seines Volkes in das Wesen der Natur und des Menschen spricht. Jene modernen Versionen faszinierten weltweit sehr viele Menschen und erreichten damit eine starke Bedeutung für die Umweltbewegung,

Weisheiten der Indianer

Wie lange leben wir auf Erden?

Nicht für immer, nur eine kleine Spanne.

Jade zerbricht, Gold wird zerdrückt,

Quetzalfedern knicken.

Nichts dauert auf Erden,

alles lebt nur einen Hauch lang.

Unsere Zeit ist geliehen,

im Nu müssen wir sie hinter uns lassen.

AZTEKEN

Die Erde ist unsere Mutter,

sie nährt uns.

Was wir in sie hineinlegen,

gibt sie uns zurück.

BEGADI, BIG THUNDER (Wabanaki)

Ein Volk ist so lange nicht erobert,

wie die Herzen seiner Frauen stark sind.

Dann aber ist es aus und vorbei –

einerlei, wie mutig wie Krieger

und wie stark ihre Waffen

auch sein mögen.

CHEYENNE-REDENSART

Ein Stamm besteht aus lauter Individuen

und ist so gut wie jeder Einzelne.

CHIEF SEATTLE (Duwamish)

Brüder wir wünschen den Frieden.

Alle roten Menschen wünschen Frieden.

Aber wo die Weißen hinkommen,

da gibt es keinen Frieden,

außer im Inneren unserer Mutter Erde.

CHIEF TECUMSEH (Shawnee)

Was ist das Leben?

Es leuchtet auf wie ein Glühwürmchen

in der Nacht.

Es vergeht wie der Hauch des Büffels

im Winter.

Es ist wie der kurze Schatten,

der über das Gras huscht

und sich im Sonnenuntergang verliert.

CROWFOOT (Blackfeet)

Wir wurden zusammen

mit allen Geschöpfen

auf diese Erde gesetzt.

Alle diese Geschöpfe,

auch die kleinsten Gräser

und die größten Bäume,

sind mit uns eine Familie.

Wir sind alle Geschwister

und gleich an Wert

auf dieser Erde.

DANKGEBET DER IROKESEN

Es ist viel leichter,

das grüne Gras woanders anzuschauen,

als bei sich zu Hause im eigenen Garten.

DAVID SEVEN DEERS

(Halkomelen Skwah)

So vielfältig sind die Wunder

der Schöpfung,

dass diese Schönheit niemals enden wird.

Die Schöpfung ist hier.

Sie ist genau jetzt in dir,

ist es schon immer gewesen

Die Welt ist ein Wunder.

Die Welt ist Magie.

Die Welt ist Liebe.

Und sie ist hier, jetzt.

GAYLE HIGH PINE

Im Haus des Langen Lebens, dort lebe ich.

Im Haus des Glücks, dort lebe ich.

Schönheit unter mir, dort lebe ich.

Schönheit über mir, dort lebe ich.

Schönheit rings um mich her, dort lebe ich.

Ins Alter reisend, mit ihm lebe ich.

Auf dem guten Pfad bin ich,

auf ihm lebe ich.

GESANG DER NAVAJO

Alle Dinge der Schöpfung sind heilig.

Jeder Morgen ist heilig,

jeder Tag ist heilig.

Denn das Licht des Tages

wurde von Wankan Tanka,

unserem Vater, gesandt.

Bedenkt, dass alle Geschöpfe dieser Welt

heilig sind

und darum entsprechend behandelt

werden wollen.

HEHAKA SAPA, BLACK ELK (Sioux)

Die Vögel verlassen die Erde

mit ihren Flügeln.

Auch die Menschen

können die Erde verlassen,

zwar nicht mit Flügeln,

aber mit ihrem Geist.

HEHAKA SAPA, BLACK ELK (Sioux)

Im Leben eines Indianers

gibt es keine schlechten Tage.

Auch wenn die Zeiten

noch so schwierig sind,

jeder Tag ist gut,

weil du am Leben bist, ist jeder Tag gut.

HENRY OLD COYOTE (Crow)

Wenn du dein Herz nicht hart werden lässt,

wenn du deinen Mitmenschen

kleine Freundlichkeiten erweist,

werden sie dir mit Zuneigung antworten.

Sie werden dir

freundliche Gedanken schenken.

Je mehr Menschen du hilfst,

desto mehr dieser guten Gedanken

werden auf dich gerichtet sein.

Dass Menschen dir wohlgesinnt sind,

ist mehr wert als Reichtum.

HENRY OLD COYOTE (Crow)

Mit Hilfe der Sonne

wurde die Erde geschaffen.

Die Erde und ich, wir sind eins.

Der Eine, der das Recht hat,

über das Land zu verfügen,

ist der Eine, der es geschaffen hat.

CHIEF JOSEPH (Nez Perce)

Ich sitze in freier Natur, am See.

Die Weißen möchten,

dass ich wie sie arbeite,

wie sie viel Geld verdiene,

wie sie ein Auto kaufe

und wie sie in freier Natur, an einem See,

Urlaub mache und angle.

Ich sitze schon in freier Natur, am See ...

KANADISCHER INDIANER

Friede ist nicht nur die Zeit

zwischen zwei Kriegen,

Friede ist das Gesetz

menschlichen Handelns.

LEHRE DER IROKESEN

Wenn wir recht handeln

und wenn zwischen jedem Menschen

und jedem Volk

Gerechtigkeit herrscht,

dann haben wir Frieden.

LEHRE DER IROKESEN

Andere Religionen belehren ...

Unsere meint,

dass das Herz jedem Menschen

seinen eigenen Weg zeigt.

MOWIHAIZ, MAGPIE (Cheyenne)

Wenn immer der rote Jäger

auf seinen Streifzügen

etwas erblickt,

was eindrucksvoll und erhaben ist,

verharrt er einen Augenblick

in andächtigem Schweigen.

Für ihn ist es nicht notwendig,

einen von sieben Tagen zu heiligen,

denn für ihn ist jeder Tag heilig.

OHIYESA (Sioux)

Kein Mensch kann seine Mutter besitzen,

keiner kann die Erde

zu seinem Eigentum machen.

OJIBWA

Wer etwas Wichtiges vorhat,

sollte nicht lange Reden halten,

sondern nach ein paar Worten

zur Sache kommen.

SAGOYEWATHA, RED JACKET (Seneca)

Ihr sollt wissen,

dass alles, was ihr braucht,

Geschenke der Erde unten,

des Himmels oben

und der vier Winde sind.

Wenn ihr euch gegen

diese Elemente vergeht,

wird es schlimme Konsequenzen

für euch haben ...

SIOUX-LEGENDE

VON WHITE BUFFALO MAIDEN

Menschen, die bloß arbeiten,

finden keine Zeit zum Träumen.

Nur wer träumt, gelangt zur Weisheit.

SMOHALLA (Nez Perce)

Das Wissen um die spirituelle Beziehung

zum gesamten Universum

ist ohne Bedeutung,

denn Bewusstsein von irgend etwas

ist nicht die Wirklichkeit jener Sache.

Dass man von der Existenz

der Liebe weiß,

bedeutet nicht zu lieben.

SOTSISOWAH (Seneca)

Denk mit dem Herzen.

SPRICHWORT DER HOPI

Du kannst den Regenbogen nicht haben,

wenn es nicht irgendwo regnet.

SPRICHWORT

DER PUEBLO-INDIANER

Die Bücher des weißen Mannes

genügten mir nicht ...

Der Große Geist

hat mir die Möglichkeit gegeben,

an der Hochschule der Natur zu studieren,

die Wälder und Flüsse,

die Berge und die Tierwelt.

TATANCA MANI (Stoney)

Weißt du, dass Bäume reden.

Die sprechen miteinander,

und sie sprechen zu dir, wenn du zuhörst.

Aber die weißen Menschen hören nicht zu.

Sie haben es nie der Mühe wert gefunden,

uns Indianer anzuhören, und ich fürchte,

sie werden auch auf die anderen Stimmen

in der Natur nicht hören.

Ich selbst habe viel von den Bäumen erfahren:

Manchmal etwas über das Wetter,

manchmal über Tiere,

manchmal über den Großen Geist.

TATANCA MANI (Stoney)

Seht, Brüder, der Frühling ist gekommen.

Die Erde wird von der Sonne umarmt,

wir werden bald die Ergebnisse

dieser Liebe sehen.

Jedes Samenkorn ist erwacht,

genauso jedes Tier.

Durch diese geheimnisvolle Kraft

erhalten auch wir unser Leben.

TATANKA YOTANKA, SITTING BULL

(Hunkpapa)

Die drei schlimmsten Übel sind:

Dummheit, Faulheit und Feigheit.

TECUMSEH (Shawnee)

Alles, was Natur

an Gutem schenken kann,

schenkt sie uns in Fülle.

Und dazu die Begabung,

all das zu genießen ...

WABANAKI

Warum sollte man mit Gewalt rauben,

was man in Güte durch Freundschaft

und Liebe erhalten kann?

INDIANISCHE WEISHEIT

Geh aufrecht wie die Bäume.

Lebe dein Leben so stark wie die Berge.

Sei sanft wie der Frühlingswind.

Bewahre die Wärme der Sonne

im Herzen,

und der Große Geist

wird immer mit Dir sein.

WEISHEIT DER NAVAJO

Die Erde ist das Paradies,

und wo du deinen Fuß auch hinsetzt

ist heiliges Land.

WILFRIED PELLETIER (Ojibway)

Heilige Mutter Erde,

die Bäume und die ganze Natur

sind Zeugen

deines Denkens und Wirkens

WINNEBAGO

Das Land mit seinen Bäumen

war den Weißen gleichgültig.

Wir fällen keine Bäume,

sondern nutzen nur totes Holz.

Aber die Weißen

sprengen die Bäume sogar

aus der Erde

und zerhacken sie.

Überall, wo der weiße Mann

die Erde berührt,

hat sie Wunden.

WINTU

Die Autoren

Sonja Probst wurde am 28. Juli 1975 in Mainz geboren. Von 1995 bis 2003 studierte sie dort an der Johannes-Gutenberg-Universität Allgemeine und Vergleichende Literaturwissenschaft, Anglistik und Publizistik. Neben dem Studium schrieb sie Artikel für die „Allgemeine Zeitung", Mainz, und arbeitete als Redaktionsassistentin bei „3sat". Im Juli 2003 begann sie ein Volontariat beim „Wiesbadener Kurier". Seit 2005 ist sie Redakteurin bei der „Allgemeinen Zeitung", Mainz.

Ernst Probst kam
am 20. Januar 1946
in Neunburg vorm Wald
im bayerischen
Regierungsbezirk
Oberpfalz zur Welt.
Zunächst arbeitete er
als Journalist
bei Zeitungen
in Nürnberg, Bayreuth
und Mainz,
später als Buchautor
und schließlich
als Buchverleger.
Er schrieb weltweit
für deutschsprachige
Zeitungen, Zeitschriften
und Nachrichten-
agenturen. Von 1986
bis 2011 veröffentlichte
er mehr als 100 Bücher,
Taschenbücher,
Broschüren, Museums-
führer und E-Books.

89

Literatur

ARROWSMITH, William: Speech of Chief
Seattle, January 9th, 1855. In: ARION 8: A Journal
of Humanities and the Classics (4), S. 461–464,
1969

GIFFORD, Eli / COOK, R. Michael: Häuptling
Seattles Rede. Wie kann man den Himmel
verkaufen? Göttingen 1996.

HEMBUS, Joe: Western-Geschichte 1540–1894.
Chronologie, Mythologie, Filmographie,
München 1981

KAISER, Rudolf: Chief Seattle's Speech(es).
American Origins and European Reception.
In: SWANN, Brian / KRUPAT, Arnold (Hrsg.):
Recovering the Word. Essays on Native American
Literature, University of California Press, 1997

PERRY, Ted: Home. Movie Script for Television
Series produced by Southern Baptists Radio and
Television Commission, 1972

SMITH, Henry: Scraps from a Diary – Chief
Seattle – A Gentleman by Instinct – His Native
Eloquence. The Seattle Sunday Star, 29. Oktober
1887.

STAMMEL, H. J.: Indianer. Legende und
Wirklichkeit, München 1992

WIKIPEDIA (Online-Lexikon)
http://wikipedia.org

Bildquellen

Klaus Benz, Mainz-Laubenheim: 7 unten, 89
Flickr: Sally B. Librarian: 16
History Link, The Free Online Enzyklopedia of
Washington State History: 42
Library of Congress, Prints and Photographs
Division, Reproduktion eines Gemäldes von C. B.
King 71
Library of Congress, Brady-Handy Collection,
Washington, Foto zwischen 1855 und 1862: 6
Mitte, 10, 12
Sonja Probst, Nierstein am Rhein: 6 oben, 88
Reproduktion des Bildes eines unbekannten
Künstlers um 1855: 28
Reproduktion eines Bildes um 1868: 24
Reproduktion eines Fotos: 14, 73
Reproduktion eines Fotos um 1850: 32
Reproduktion eines Fotos von Asahel Curtis
(1830–1915):
Reproduktion eines Fotos von Edward M. Sammis
von 1864: 1, 6 unten
Reproduktion eines Fotos vor 1896: 20
Reproduktion des Gemäldes eines unbekannten
Künstlers: 18
Reproduktion eines Gemäldes von Benson John
Lossings um 1868 nach einer Bleistiftskizze von
Pierre Le Drus von 1808: 7 Mitte
Reproduktion eines Gemälde von Karl Bodmer
(1809–1893), Mató-Tópe, Häuptling der Mandan.

Namensregister

Angeline 19, 20, 31, 34
Arrowsmith, Ayres
William 45, 46
Bagley, Clarence B. 44
Bedagi 51
Big Thunder 51
Black Elk, Chief 60
Coombs, Ray 34, 42
Cub, Dokub 34
Curtis, Edward 35
David Seven Deers 57
Ebey, Isaac N. 23, 31, 32
Fay, Charles 23
Garland, Paul 26
Gayle High Pine 58
Hehaka Sapa 60, 61
Henry Old Coyote 62, 63
Herron, Francis 21
Jacob 31
Joseph, Chief 64
Kick-is-om-lo 34
Kikisoblu 19, 20, 31, 34, 35, 39
Kitsap, Chief 21
Kittson, William 21
La-Dalia 19

Leschi, Chief 27, 28, 29
Maynard, Catherine
Broshears 34, 35
Maynard, David
Swinson 23, 24, 30, 34, 35
Meigs, George 30
Mowihaiz 68
Ohiyesa 69
Olahl 19
Pelletier, Wilfried 84
Perry, Ted 46
Pierce, Franklin 10, 11, 46
Probst, Ernst 89
Probst, Sonja 88
Puget, Peter 11
Red Jacket, Chief 71
Rich, John M. 45
Sagoyewatha 71
Sammis, Edward M. 30, 34, 42
Schweabe 17, 30
Seahthl 19, 25
Seealth 19, 25
See-athl 19, 25
Seattle, Chief 1, 9, 14,

16, 17, 25, 33, 38, 41,
42, 53
Shaw, Benjamin F. 23,
31
Shaw, William De 30
Si'ahl 19, 25
Sitting Bull, Chief 79
Smith, Henry 25, 40,
41, 43, 44, 45
Smohalla 73
Sokrates 33
Sotsisowah 74
Stevens, Isaac 12, 13,
25, 33, 41
Tatanca Mani 77, 78
Tatanka Yotanka 79
Tecumseh, Chief 54,
80
Telase, Mary Seattle 30
Tso-tsah 30
Vancouver, George 18,
19, 21
Viktoria, Königin 43
Wehn, James 14
Wewick 34
Wood-sho-lit-sa 17
Yesler, Henry 35, 36,
37, 39

Bücher von Ernst Probst

Christl-Marie Schultes. Die erste Fliegerin in
Bayern (zusammen mit Theo Lederer)
Der Schwarze Peter. Ein Räuber im Hunsrück
und Odenwald
Drei Königinnen der Lüfte in Bayern (zusammen
mit Josef Eimannsberger)
Elisabeth I. Tudor. Die jungfräuliche Königin
Maria Stuart. Schottlands tragische Königin
Frauen im Weltall
Hildegard von Bingen. Die deutsche Prophetin
Johann Jakob Kaup. Der große Naturforscher
aus Darmstadt
Julchen Blasius. Die Räuberbraut
des Schinderhannes
Königinnen der Lüfte in Deutschland
Königinnen der Lüfte in Frankreich
Königinnen der Lüfte in England, Australien und
Neuseeland
Königinnen der Lüfte in Europa
Königinnen der Lüfte in Amerika
Königinnen der Lüfte von A bis Z
Könginnen des Tanzes. Von Pina Bausch bis zu
Mary Wigman
Machbuba. Die Sklavin und der Fürst
Meine Worte sind wie die Sterne.
Die Entstehung der Rede des Häuptlings Seattle
(zusammen mit Sonja Probst)
Bestellungen bei: http://www.grin.com

.